Meine Schrift

Handschrift entwickeln

Lateinische Ausgangsschrift

Nina Bode-Kirchhoff
Erika Brinkmann
Jennifer Reiske

verlag für pädagogische medien

INHALT

Schreibe deinen Namen:

- in Spiegelschrift
- von oben nach unten
- mit deiner anderen Hand
- über Kopf
- mit dem Mund
- schräg
- mit Schnörkeln
- …

Datum: ____________

Schreibe mit Schwung.

Probiere aus:

- Drücke mit dem Stift fest auf.
- Berühre das Papier nur ganz leicht.
- Mache große Schwünge.
- Mache kleine Schwünge.

Wobei hast du mehr Schwung?

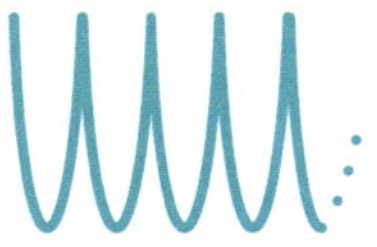

Datum:

Schreibe mit Schwung.

Du kannst auch mit verschiedenen Stiften auf unterschiedlichem Papier, auf Pappe oder in deinem Heft die Schwünge ausprobieren.

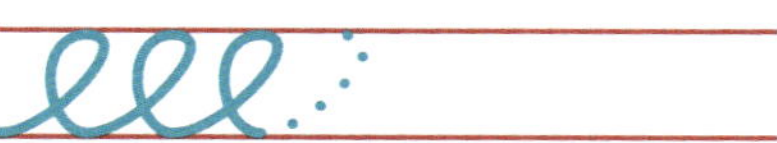

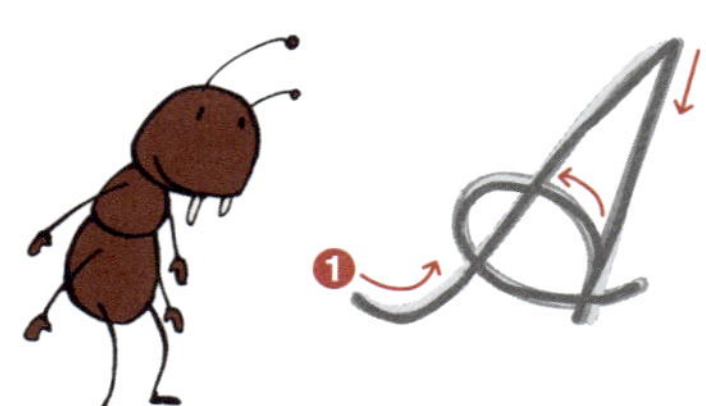

als als als als als als als

auf auf auf auf auf auf

Ananas Ananas Ananas

bin bin bin bin bin bin

Ball Ball Ball Ball Ball

Bild Bild Bild Bild Bild

c c c c

nicht nicht nicht nicht nicht

Cent Cent Cent Cent Cent Cent

Comic Comic Comic Comic

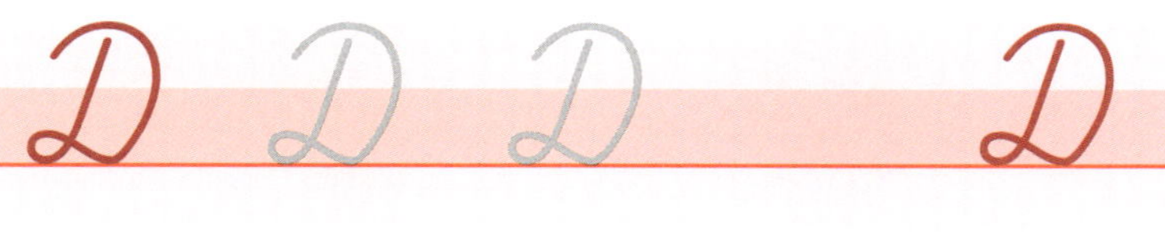

du du du du du du du

da da da da da da da da

Dach Dach Dach Dach Dach

Datum: ____________________

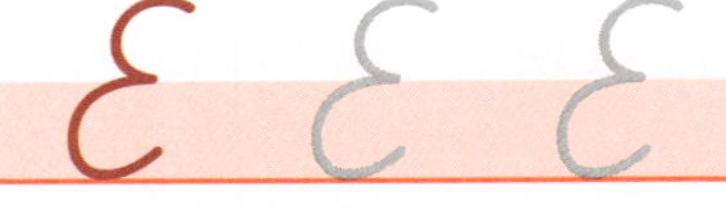

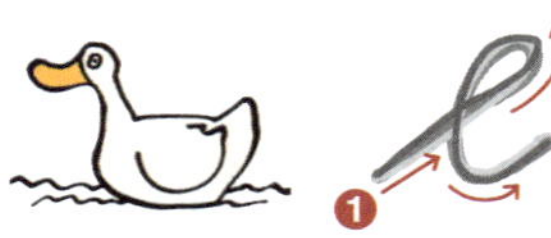

es es es es es es es es

eine eine eine eine eine eine

Elefant Elefant Elefant Elefant

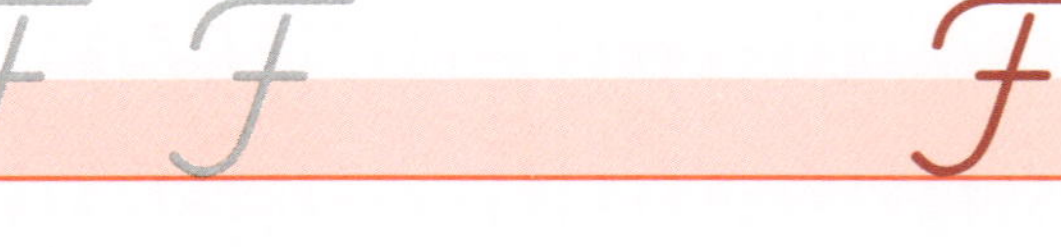

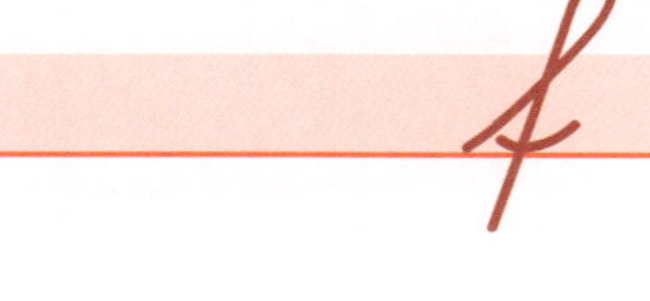

für für für für für für

Affe Affe Affe Affe Affe Affe

Frosch Frosch Frosch Frosch

G G G G
g g g g
gut gut gut gut gut gut
Gans Gans Gans Gans Gans
Geige Geige Geige Geige Geige
H H H H
h h h h
haben haben haben haben
mich mich mich mich mich
Hut Hut Hut Hut Hut Hut

Datum: ______________________

J J J J

i i i i

in in in in in in in in

ich ich ich ich ich ich ich

Insel Insel Insel Insel Insel

J J J J

j j j j

ja ja ja ja ja ja ja ja

jeder jeder jeder jeder jeder

Jo-Jo Jo-Jo Jo-Jo Jo-Jo Jo-Jo

Datum:

K K K K
k k k k
klein klein klein klein klein
klug klug klug klug klug
Kran Kran Kran Kran Kran
L L L L
l l l l
los los los los los los los
lieb lieb lieb lieb lieb lieb
Lolli Lolli Lolli Lolli Lolli

m m m m m

mit mit mit mit mit mit

mein mein mein mein mein

Maus Maus Maus Maus Maus

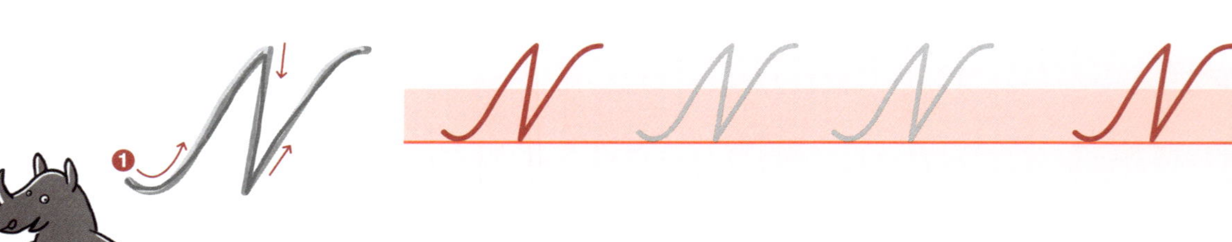

n n n n n

nur nur nur nur nur nur

noch noch noch noch noch

Nase Nase Nase Nase Nase

Datum: ____________________

oder oder oder oder oder

so so so so so so so so

Opa Opa Opa Opa Opa Opa

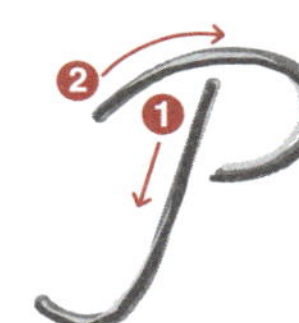

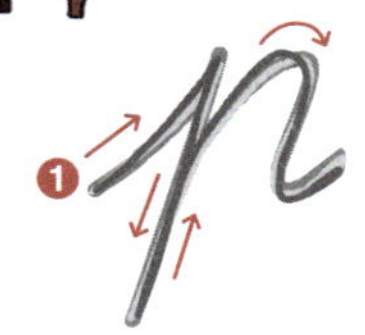

p p p p

prima prima prima prima

Post Post Post Post

Papier Papier Papier Papier

Datum:

Qu Qu Qu

qu qu qu

quer quer quer quer quer quer

Quark Quark Quark Quark

bequem bequem bequem

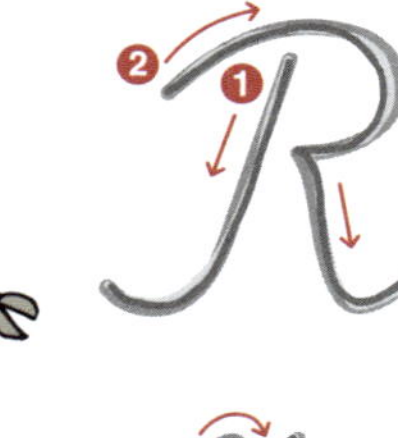

R R R R

r r r r

rein rein rein rein rein rein

raus raus raus raus raus raus

Ratte Ratte Ratte Ratte Ratte

S S S S
s s s s
sie sie sie sie sie sie sie
eins eins eins eins eins eins
Suppe Suppe Suppe Suppe Suppe
T T T T
t t t t
tief tief tief tief tief tief
ist ist ist ist ist ist ist
Tor Tor Tor Tor Tor Tor Tor

Datum:

U U U U

u u u u

und und und und und und

um um um um um um um

Uhu Uhu Uhu Uhu Uhu Uhu

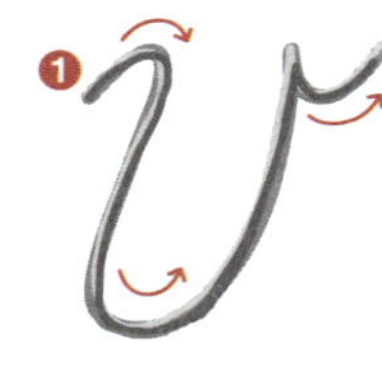

V V V V

v v v v

von von von von von von

vor vor vor vor vor vor vor

Vulkan Vulkan Vulkan Vulkan

W W W W W

w w w w w

wir wir wir wir wir wir wir

wie wie wie wie wie wie wie

Wut Wut Wut Wut Wut

X X X X

x x x x

Hexe Hexe Hexe Hexe Hexe

Taxi Taxi Taxi Taxi Taxi

Xylofon Xylofon Xylofon

Datum:

Y Y Y Y
y y y y
Baby Baby Baby Baby Baby
Pony Pony Pony Pony Pony
Yak Yak Yak Yak Yak Yak
Z Z Z Z
z z z z
zu zu zu zu zu zu zu zu
Pizza Pizza Pizza Pizza Pizza
Zelt Zelt Zelt Zelt Zelt Zelt

Datum: ____________

1. Schreibe die Buchstaben in Schreibschrift.

A a		B b		C c		D d	
E e		F f		G g		H h	
I i		J j		K k		L l	
M m		N n		O o		P p	
Qu qu		R r		S s		T t	
U u		V v		W w		X x	
Y y		Z z					

2. Wähle zwei Kinder für ein **Schriftgespräch** aus.
3. Schaut euch die Buchstaben genau an.

4. Umrahme alle Buchstaben grün, die ihr gut lesen könnt.
5. Umrahme alle Buchstaben gelb, die du noch üben musst.

Unterschrift Kind 1 ____________ Unterschrift Kind 2 ____________

Wenn dir die Schreibweise einzelner Buchstaben besonders schwerfällt, kannst du auch andere Schreibweisen ausprobieren. Wichtig: Der Buchstabe muss gut lesbar sein!

Unterschrift der Lehrkraft **WEITER GEHT'S!**

Datum:

Schreibe in Schreibschrift.

der Adler

Adler Adler

der Biber

Biber Biber

der Collie

Collie Collie

der Dachs

Dachs Dachs

die Ente

Ente Ente

die Fliege

Fliege Fliege

die Gans

Gans Gans

der Hai

Hai Hai

der Igel

Igel Igel

Schreibe in Schreibschrift.

der Lastwagen

Lastwagen

die Lokomotive

Lokomotive

das Motorrad

Motorrad

die Rakete

Rakete Rakete

das Taxi

Taxi Taxi

der Traktor

Traktor Traktor

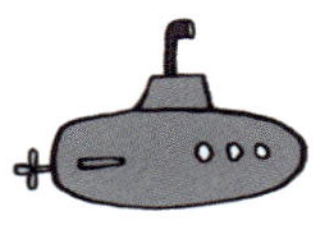

das U-Boot

U-Boot U-Boot

das Ufo

Ufo Ufo

die Yacht

Yacht Yacht

Datum: ____________________

Schreibe in Schreibschrift.

das Mädchen

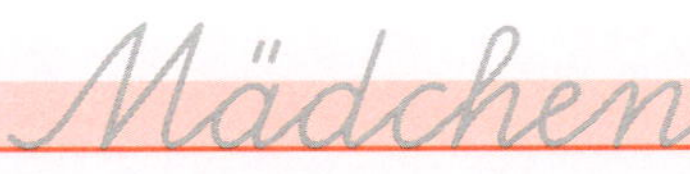

der König

die Prinzessin

der Pirat

Pirat

der Polizist

Polizist

der Roboter

der Ritter

Ritter

die Sängerin

Sängerin

der Zwerg

Zwerg Zwerg

Schreibe in Schreibschrift.

der Astronaut

der Arzt

das Baby

der Dieb

der Clown

der Cowboy

die Fee

die Elfe

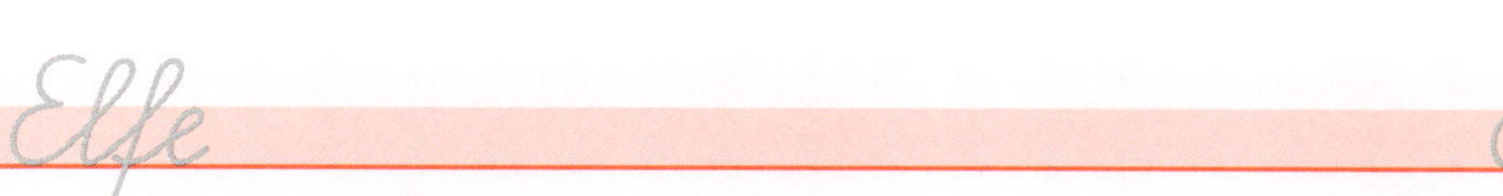

die Hexe

Datum:

1. Schreibe in Schreibschrift.

Mücke Mücke

die Mücke

Okapi Okapi

das Okapi

Pinguin Pinguin

der Pinguin

Qualle Qualle

die Qualle

Robbe Robbe

die Robbe

2. Wähle zwei Kinder für ein **Schriftgespräch** aus.

3. Schaut euch die Schrift genau an.

4. Überlegt gemeinsam, dann kreuzt du an:

Sind die Buchstaben gut zu erkennen? ☺ 😐 ☹

Können andere das Wort gut lesen? ☺ 😐 ☹

Sind die Wörter mit Schwung geschrieben? ☺ 😐 ☹

Diesen Tipp haben wir für dich: ______

______

Unterschrift Kind 1

Unterschrift Kind 2

Unterschrift der Lehrkraft WEITER GEHT'S!

Datum: ____________

Schreibe ab.

Das war lecker!

Das Wasser ist kalt.

Die Reise geht los.

Datum:

Schreibe ab.

Das Schwein ist schnell.

Der Elefant will verreisen.

Der Knochen gehört mir!

Schreibe ab.

Die Kuh übt heute einen Tanz
und wackelt dabei
mit dem Schwanz.

Der Tiger sieht zum Fürchten aus –
er wartet auf
den nächsten Schmaus.

Datum: ______________

Schreibe ab.

Die Schnecke kriecht manchmal
sehr weit und braucht dafür
dann sehr viel Zeit.

Die Spinne kann heut fröhlich sein,
sie ist im Netz
nicht mehr allein.

Datum: ____________________

1. Schreibe ab.

Diese nette kleine Fliege
ist verliebt
in eine Ziege.

2. Wähle zwei Kinder für ein **Schriftgespräch** aus.
3. Schaut euch die Schrift genau an.

4. Überlegt gemeinsam, dann kreuzt du an:
   - Sind die Buchstaben gut zu erkennen? ☺ 😐 ☹
   - Können andere den Satz gut lesen? ☺ 😐 ☹
   - Sind die Wörter mit Schwung geschrieben? ☺ 😐 ☹

Diesen Tipp haben wir für dich: ____________________

Unterschrift Kind 1 — Unterschrift Kind 2

Unterschrift der Lehrkraft WEITER GEHT'S!

Datum: ____________________

1. Schreibe den Namen des Tieres so oft und so schön wie möglich (Sonntagsschrift).

2. Welches Wort ist dir am besten gelungen? Kreise es ein.

Bär Bär Bär Bär Bär Bär Bär

der Bär

der Elefant

Datum: ____________________

1. Schreibe den Namen des Tieres so oft und so schön wie möglich (Sonntagsschrift).

2. Welches Wort ist dir am besten gelungen? Kreise es ein.

die Maus

der Tiger

Datum: ______________

Schreibe in Schreibschrift.

 der Panda

 die Raupe

 das Okapi

 die Eule

 das Schaf

 der Rabe

 der Stier

 die Elster

 der Geier

 der Leguan

 der Spatz

 das Einhorn

Schreibe in Schreibschrift.

 der Hamster

 der Vogel

 der Storch

 die Feder

 der Dackel

 der Garten

 der Uhu

 die Rose

 die Wespe

 der Efeu

 der Löwe

 der Qualm

Aa Bb Cc Dd Ee Ff Gg Hh Ii Jj Kk Ll Mm Nn Oo Pp Qu qu Rr Ss Tt Uu Vv Ww Xx Yy Zz

Datum: ____________________

Schreibe in Schreibschrift.

 die Sonne

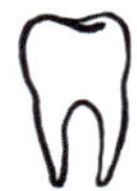 der Zahn

 der Mond

 die Palme

 der Stern

 die Nadel

 der Ring

 der Anker

das Taxi

 die Fee

 die Hose

 die Burg

Datum: ____________________

1. Schreibe in Schreibschrift.

 der Pfeil

 die Erde

 das Iglu

 der Drache

 das Herz

 der Wald

2. Wähle zwei Kinder für ein **Schriftgespräch** aus.

3. Schaut euch die Schrift genau an.

4. Überlegt gemeinsam, dann kreuzt du an:
   - Sind die Buchstaben gut zu erkennen? ☺ 😐 ☹
   - Können andere die Wörter gut lesen? ☺ 😐 ☹
   - Sind die Wörter mit Schwung geschrieben? ☺ 😐 ☹

Diesen Tipp haben wir für dich: ____________________

____

Unterschrift Kind 1 | Unterschrift Kind 2

 Unterschrift der Lehrkraft WEITER GEHT'S!

Aa Bb Cc Dd Ee Ff Gg Hh Ii Jj Kk Ll Mm Nn Oo Pp Qu qu Rr Ss Tt Uu Vv Ww Xx Yy Zz

Datum:

Schreibe in Schreibschrift.

Die Giraffe trinkt Tee.

Luftpost für dich!

Die Blumen haben Durst.

Das Chamäleon hat eine Idee.

Datum: ____________________

Schreibe in Schreibschrift.

Die Maus flitzt davon.

Was soll ich schreiben?

Die Hexe verhext den Kater.

Der Eisbär lässt sich treiben.

A a B b C c D d E e F f G g H h I i J j K k L l M m N n O o P p Qu qu R r S s T t U u V v W w X x Y y Z z

Datum:

Schreibe in Schreibschrift.

Der Taschenkrebs sieht glücklich aus,
der Schuh ist jetzt sein neues Haus.

Der Elefant trägt viel Gewicht,
das tut der Tiger oben nicht.

Schreibe in Schreibschrift.

Die Mäuse spielen gern Quartett,
ich bleibe lieber nachts im Bett.

Das Känguru ist nicht zu sehen,
wir wollen es mal suchen gehen.

A a B b C c D d E e F f G g H h I i J j K k L l M m N n O o P p Qu qu R r S s T t U u V v W w X x Y y Z z

Datum: ____________________

1. Schreibe in Schreibschrift.

Gut versteckt hat sich der Hase,
denn er popelt in der Nase.

2. Wähle zwei Kinder für ein **Schriftgespräch** aus.

3. Schaut euch die Schrift genau an.

4. Überlegt gemeinsam, dann kreuzt du an:
   - Sind die Buchstaben gut zu erkennen? ☺ 😐 ☹
   - Können andere den Satz gut lesen? ☺ 😐 ☹
   - Sind die Wörter mit Schwung geschrieben? ☺ 😐 ☹

Diesen Tipp haben wir für dich: ____________________

Unterschrift Kind 1 — Unterschrift Kind 2

Unterschrift der Lehrkraft — WEITER GEHT'S!

1. Probiere aus: In welchem Tempo kannst du flüssig **und** leserlich schreiben? Schreibe in Schreibschrift.

   Jetzt hat die Maus ganz kalte Zehen
   und will nicht mehr ins Wasser gehen.

☐ Schreibe langsam:

____

____

____

☐ Schreibe etwas schneller:

____

____

____

☐ Schreibe so schnell du kannst:

____

____

____

2. Besprich deine Schriftproben mit einem Partner.

3. Kreuze an: Wo hast du flüssig **und** leserlich geschrieben?

Datum: ____________________

1. Schreibe 4 x deinen Vor- und Nachnamen.
   Ein Partnerkind beobachtet dich dabei.

2. ______________________________ hat dich beobachtet
   und gibt dir Rückmeldungen, dann kreuzt du an:

   Können sich deine Finger locker bewegen? ☺ 😐 ☹

   Sitzt du aufrecht auf dem Stuhl? ☺ 😐 ☹

   Wie sieht deine Schreibhand aus? ☺ 😐 ☹

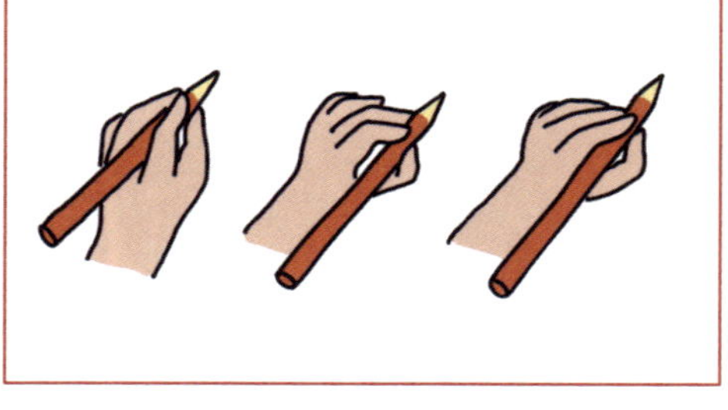

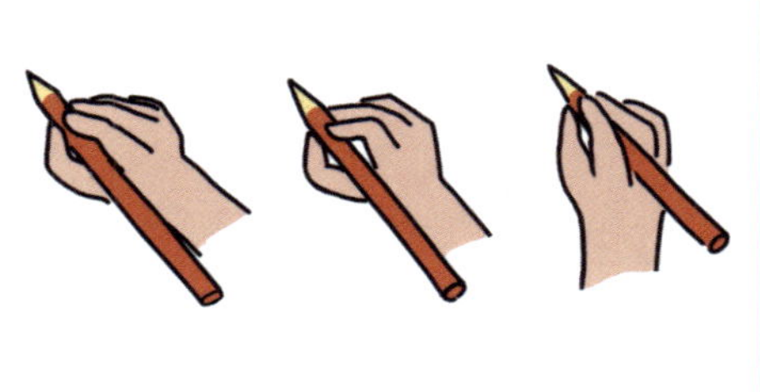

ganz anders

☐ ☐ ☐ ☐ ☐ ☐ ☐

Wenn sich deine Finger beim Schreiben nicht locker bewegen können, probiere eine andere Stifthaltung aus.
Manchmal hilft auch ein anderer Stift oder ein Stiftaufsatz.

1. Probiere aus: Welche Linien helfen dir beim Schreiben am besten? Schreibe in Schreibschrift.

Der Elefant kommt angerannt.

☐

☐

☐

☐

☐

☐

☐

☐

ohne Linien

2. Besprich deine Schriftproben mit einem Partnerkind.

3. Kreuze an: Wo hast du flüssig **und** leserlich geschrieben?

Datum: ____________________

1. Probiere aus: In welcher Schriftgröße kannst du flüssig **und** leserlich schreiben? Schreibe in Schreibschrift.

Das Känguru hüpft hoch und weit
und ist dabei manchmal zu zweit.

☐ Schreibe groß:

☐ Schreibe etwas kleiner:

☐ Schreibe klein:

2. Besprich deine Schriftproben mit einem Partner.

3. Kreuze an: Wo hast du flüssig **und** leserlich geschrieben?

Datum: ____________

1. Lies den Text.

2. Schreibe in Schreibschrift.

Am liebsten aß der Hamster Hugo
Spaghetti mit Tomatensugo.
Spinat versuchte er zu meiden.
Erbsen konnte er nicht leiden.
Aber ganz und gar nicht wohl,
war es ihm bei Blumenkohl.

Franz Hohler

3. Kreuze an:

Meine Schrift ist gut lesbar: ☺ 😐 ☹

Ich schreibe auf der Linie: ☺ 😐 ☹

Ich schreibe ziemlich schnell: 

Datum: ____________________

1. Schau dir die Schriften genau an.

☐ Druckschrift:

Der Flamingo freut sich sehr,
Schreiben fällt ihm nicht mehr schwer.

☐ Vereinfachte Ausgangsschrift:

Der Flamingo freut sich sehr,
Schreiben fällt ihm nicht mehr schwer.

☐ Lateinische Ausgangsschrift:

Der Flamingo freut sich sehr,
Schreiben fällt ihm nicht mehr schwer.

☐ Schulausgangsschrift:

Der Flamingo freut sich sehr,
Schreiben fällt ihm nicht mehr schwer.

☐ Sütterlin:

Der Flamingo freut sich sehr,
Schreiben fällt ihm nicht mehr schwer.

☐ Handschrift 1:

Der Flamingo freut sich sehr,
Schreiben fällt ihm nicht mehr schwer.

☐ Handschrift 2:

Der Flamingo freut sich sehr,
Schreiben fällt ihm nicht mehr schwer.

2. Sammle verschiedene Schriftproben.
   Lass den Satz von 4 Personen hier aufschreiben, zum Beispiel von deinen Eltern, Großeltern, deiner Nachbarin, deinem Trainer.

☐ Handschrift von: ____________

____

____

☐ Handschrift von: ____________

____

____

☐ Handschrift von: ____________

____

____

☐ Handschrift von: ____________

____

____

3. Welche Schriften kannst du gut lesen?
   Kreuze an.

4. Umrahme die Buchstaben, Verbindungen oder Wörter, die du mal ausprobieren möchtest, blau.

Datum: ______________________

Verändere die Buchstaben.
Du kannst ihre Form gestalten und sie mit Farbe,
Mustern oder Bildern verändern.
Die Buchstabenform muss aber noch klar erkennbar sein.

Du kannst die Anfangsbuchstaben deines Vornamens
und deines Nachnamens ganz unterschiedlich gestalten.
Probiere verschiedene Ideen aus.

Datum: ____________________

Gestalte weitere Wörter.

Regen Wurm Wind Schal Blitz Wal

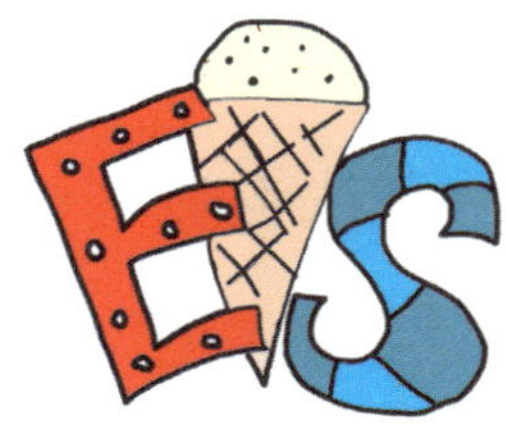

Schaf Auto Biene Wolke Wasser

Datum: ______________________

Gestalte weitere Wörter.

Viereck Ball Turm Berg Affe

Gespenst Baum Kissen Schlange Fisch

Datum: ______________

Probiere aus.
Mit welchem Stift kannst du besonders gut schreiben?

1. Nimm 4 verschiedene Stifte, zum Beispiel Tintenroller, Bleistifte, Füller, Kugelschreiber.
2. Schreibe mit jedem Stift:

Das Krokodil fraß noch nicht viel.

Stift 1:

____

Stift 2:

____

Stift 3:

____

Stift 4:

____

Kreuze an.

Stift	Der Stift liegt gut in der Hand.	Ich kann damit lesbar schreiben.	Ich kann damit gut schnell schreiben.	Ich kann damit den Druck gut anpassen.	Der Stift sieht gut aus.
1	☺ 😐 ☹	☺ 😐 ☹	☺ 😐 ☹	☺ 😐 ☹	☺ 😐 ☹
2	☺ 😐 ☹	☺ 😐 ☹	☺ 😐 ☹	☺ 😐 ☹	☺ 😐 ☹
3	☺ 😐 ☹	☺ 😐 ☹	☺ 😐 ☹	☺ 😐 ☹	☺ 😐 ☹
4	☺ 😐 ☹	☺ 😐 ☹	☺ 😐 ☹	☺ 😐 ☹	☺ 😐 ☹

Für mich ist der beste Stift Nummer: __________

Er heißt: ______________________________

Suche dir ein Gedicht aus.
Schreibe es in deiner schönsten Schrift ab.

Lass dir deinen Text von einem anderen Kind vorlesen.
So merkst du, ob du lesbar geschrieben hast.

Datum:

1. Schreibe in Schreibschrift.

Im Dunkeln fürchtet sich das Schwein,
denn es ist nicht gern allein.
Die Lampe holt es sich ganz schnell,
drückt auf den Knopf, dann ist es hell.

2. Wähle zwei Kinder für ein **Schriftgespräch** aus.

3. Schaut euch die Schrift genau an.

4. Überlegt gemeinsam, dann kreuzt du an:

Sind die Buchstaben gut zu erkennen?	☺ 😐 ☹
Können andere den Text gut lesen?	☺ 😐 ☹
Sind die Wörter mit Schwung geschrieben?	☺ 😐 ☹

Diesen Tipp haben wir für dich: ______

Unterschrift Kind 1

Unterschrift Kind 2

Unterschrift der Lehrkraft WEITER GEHT'S!

	Kreuze an:	Für die Lehrkraft:
Ich kann alle Buchstaben in Schreibschrift lesbar schreiben.	☺ 😐 ☹	✓ →
Ich kann Wörter in Schreibschrift abschreiben.	☺ 😐 ☹	✓ →
Ich kann Sätze in Schreibschrift abschreiben.	☺ 😐 ☹	✓ →
Ich kann Druckschrift-Wörter in Schreibschrift übersetzen.	☺ 😐 ☹	✓ →
Ich kann Druckschrift-Sätze in Schreibschrift übersetzen.	☺ 😐 ☹	✓ →
Ich kann gleichmäßig auf der Linie schreiben.	☺ 😐 ☹	✓ →
Ich kann schnell und lesbar schreiben.	☺ 😐 ☹	✓ →
Ich kann anderen Tipps für ihre Handschrift geben.	☺ 😐 ☹	✓ →
Ich kann mit Schrift gestalten.	☺ 😐 ☹	✓ →
Ich kann einen passenden Stift für mich wählen.	☺ 😐 ☹	✓ →
Ich kann längere Texte lesbar und in angemessenem Tempo schreiben.	☺ 😐 ☹	✓ →

UNSERE VEREINBARUNG AM: ______	ERLEDIGT AM: ______ Datum
UNSERE VEREINBARUNG AM: ______	ERLEDIGT AM: ______ Datum
UNSERE VEREINBARUNG AM: ______	ERLEDIGT AM: ______ Datum
UNSERE VEREINBARUNG AM: ______	ERLEDIGT AM: ______ Datum
UNSERE VEREINBARUNG AM: ______	ERLEDIGT AM: ______ Datum